© 2022 Julia Palombe
Édition :BoD-Books on Demand
12-14 rond-point des Champs-Élysées, 75008 Paris
Impression :BoD-Books on Demand, Norderstedt, Allemagne

Photo couverture : O rlando Leonardi

ISBN :978-2-3223-9563-7

Dépôt légal : Mars 2022

Table des matières

Mignonnerie I	*13*
Mignonnerie 2	*15*
Mignonnerie 3	*17*
La vie simple	*19*
La symphonie de Gina	*21*
La cérémonie	*23*
Oh, Orlando !	*25*
Mon île	*27*
Fille électrique	*29*
Luna bella	*31*
Transe fontaine	*33*
Ce n'était pas hier	*35*
Les pieds de son père	*37*
Petit scarabée	*39*
D'un coup de reins	*41*
À l'ombre du poirier	*43*
The wings of joy	*45*
Fourmis suceuses	*49*
Désir amer	*51*
Confessions	*53*
Les habitants de Carovigno	*56*
Remerciements	*61*

Née dans un petit village provençal du sud de la France, Julia Palombe étudie la danse et la musique dès son plus jeune âge. Sa vocation artistique est innée. Son père restaurateur et sa mère sage-femme l'encouragent à suivre sa voie. À l'âge de treize ans, elle intègre l'internat du prestigieux conservatoire de danse d'Avignon. La nuit, en secret, elle prend l'habitude d'écrire des poèmes. À dix-sept ans, 1er Prix du Conservatoire et diplôme d'études chorégraphiques en poche, elle entame sa carrière en Suisse dans la compagnie du grand Théâtre de Bâle. Après plusieurs années de tournées à travers le monde, alors qu'elle n'a que vingt-cinq ans, elle décide de s'installer à Paris pour développer son propre univers autour du sujet qu'elle ne cesse depuis de questionner : l'art d'aimer.

Amore mio, sei tu la mia poesia ...

**Dedico queste rime agli esseri
coraggiosi sulla via della
bellezza e della fantasia[1]**

---

[1] Je dédicace ces quelques vers aux êtres courageux en quête de beauté et de fantaisie.

« *Tout ce que vous voyez,*
je le dois aux Spaghettis »

Sophia Loren

« Écrire des poèmes

C'est comme danser toute nue sous la lune, ou voler avec les aigles au-dessus des montagnes sacrées dans ses rêves les plus profonds. C'est comme lâcher la barre de la raison pour embrasser la fantaisie, la folle gaité, l'horizon brut.

Écrire des poèmes, c'est aller à la chasse à la beauté à chaque minute précieuse qui s'écoule dans le grand Tout. C'est comme avaler tous les frissons du monde et les féconder au commencement d'une nouvelle page blanche. Et faire des éclats de lumière dans tes veines. Ouvrir ton âme en deux et y glisser un billet doux. Soulever ta peau et y fourrer mes baisers ardents. Déchirer les frontières de papier qui nous séparent, et atteindre de ma plume tendue comme un arc, ton cœur. Alors au chaud en toi, m'asseoir sur un banc douillet que l'on aura bâti ensemble, et regarder les secondes valser comme à Vienne.

Voilà, c'est ça écrire des poèmes. »

Mignonnerie 1

Un parfum de basilic traîne sur la terre amarante
Des notes de camphre courent sur ma peau
Je pénètre dans la mer, nue telle l'eau
Sous la lune, l'univers danse pour ses amantes

C'est la nuit que les étoiles se révèlent
Toi aussi
Tu t'es fait un nouvel ami
Un papillon habillé d'une élégante cape mirabelle

Nos cris humides déchirent
Le temps qui passe à reculons
Effet érotique du changement de saison
Les nuits sont brûlantes et les minutes s'étirent

J'abreuve de caresses le ukulélé
Entre les cordes, mes larmes hydratent
La peau de cèdre mate
De son manche cambré

Mignonnerie 2
(Les bas-fonds de mon cœur)

Quand le ciel léger et haut
S'envole telle une montgolfière
Et que dans le reflet de l'eau
En fleur, apparaissent les racines fières

Des centaines d'insectes grouillent dans le buisson
Reine mère et papillons font société
Sans se soucier de la couleur de leur jupon
Chacune pour sa famille et le soleil pour blason

Quand tu viens planter ton dard dans ma bouche
Mon pistil s'illumine de toutes les couleurs
À la fin de l'envoi, ton nectar touche
Les bas-fonds de mon cœur

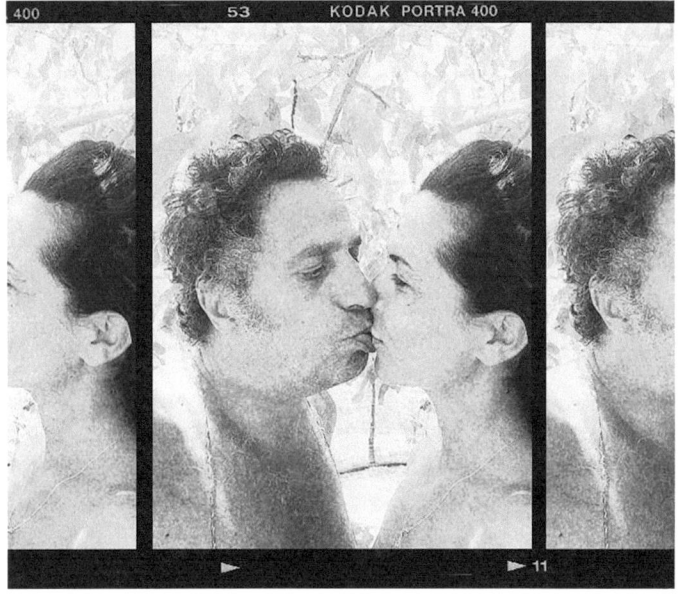

Mignonnerie 3
(La Dolce Vita)

— Tu rêves à quoi ?
— Je rêve à notre vie…
— Et alors, qu'est-ce que tu vois ?

De ta bouche ivre
J'extrais le suc de tes baisers
Dans ton corps de crocodile
J'enfouis tous mes secrets
Sur ta peau à l'huile d'olive
Je mange notre vie avec les doigts

Prenez un peu de piment
Ajoutez-y quelques notes de guitare dedans
Et des baisers, beaucoup de baisers
Voilà le secret

Tu es mon Roi Dernier
Ma vieille pantoufle
Mon oreiller en Janvier
Mon éternelle camoufle

La vie simple

La vie simple résonne en profondeur
Me dit mon ami Pierre
Qu'espérer de plus ?

Pour vibrer, il n'y a pas d'heure
Me dit mon amie Prune
Qu'espérer de moins ?

Le reste ?
C'est de l'interprétation
Me dit mon imagination

La symphonie de Gina

Quand tes bras se tendent vers moi
Je lis ma vie entière dans tes yeux
Il est, il sera, il était une fois
La symphonie de Gina en clé des Dieux

Ma petite fleur parmi les roses
Ces quelques vers de soie et d'argile
C'est pour toi que je les compose
Et les dépose à tes pieds graciles

La cérémonie

Entre ses doigts
L'ail se déshabille
Sous le feu de ses yeux
L'huile d'olive frétille

Les pâtes les plus dures ne lui résistent pas
Quelques minutes et les voilà qui s'assouplissent
Du spaghetti à la farfa'
Sans exception, toutes jouissent

Et durant ce précieux temps-là
Délacées, allongées sur le plat
Comme des pucelles en ligne de mire
Les tomates n'en finissent pas de rougir

Oh, Orlando 1

La mer jette ses vagues sur ta peau cuivrée
Oh, Orlando !
Et ton rire jaillit comme une mitraillette salée
Comme tu es beau !

Les derniers soubresauts de l'enfance
Quand l'adolescence gronde
Et que le pouls siffle la cadence
Orlando lance sa fronde

Les yeux encore mi-clos
La tendresse qui déborde
Mon poète aux mille cordes
Mon flambeau

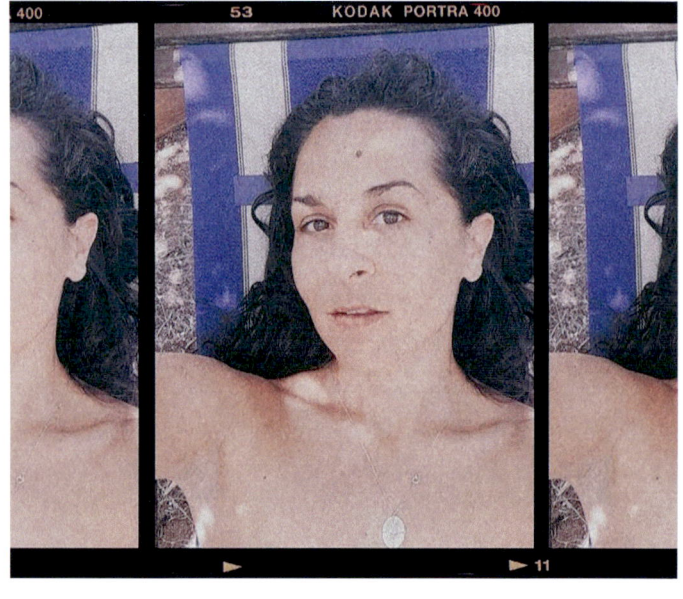

Mon île

Traversé par les années
Les bébés
Secoué par les sentiments
Les amants

Mon corps chéri
Ma carcasse meurtrie
Mon unique testament
Mon île dans le vent

Si un jour tu me lâches
À la force de mes mains
Sans relâche
Je t'enduirai d'huiles, de mélisse et de thym

Chair fraîche qui surchauffe
Dans un bain de clous de girofle
Je te ferai la peau, tigresse
Ce soir, je dis la messe

Fille électrique

Quand de l'ours docile,
Tu te fais dos argenté
Je perçois ta toison virile
Se dresser sur ma chair mouillée

À pas de loup, tu te glisses
Une main sur ma banquise
L'autre dans ma prise
De gré, tes paupières se plissent

Comme un air de tango
Sous les draps, fait écho
À la folle ardeur de ta voix
Le feu en moi

Luna bella

Luna bella
Luna d'oro
A te le stelle
A me la fortuna

Lune belle
Lune d'or
À toi les étoiles
À moi les trésors

Lune belle
Lune d'or
À toi l'éternel
À moi la mort

Lune belle
Lune d'or
À toi l'étendue du ciel
À moi l'effervescence du port

Lune belle
Lune d'or
À toi les reflets de miel
À moi les passions du corps

Lune belle
Lune d'or
À toi les plaisirs de pucelle
À moi les tentations du sort…

Transe fontaine

Entre tes cils et ta bouche
J'écris mes vœux en cire à modeler
Derrière tes oreilles qui se couchent
Mes rêves d'été ont trouvé asile
Et je danse

Tes mains telles des tapis volants
M'entraînent vers des contrées lointaines
Ton cul à réaction
Me fiche dans une transe fontaine
Tout entier, je t'aime

Abandonnée à tes bras
Ma rivière coule
Libre, désordonnée, elle va
Comme une pierre qui roule
Toute entière, à toi

Ce n'était pas hier

Ce n'était pas hier, c'était ce matin
Elle souriait avec ses mains
Il l'écoutait de son regard penché
Poitrine offerte, elle dansait

La veille, lui avait pleuré
Sur la terre de ses aïeuls mal-aimés
Des larmes de lumière
Qui font dans le sang comme un éclair

La joie profonde et mouillée
Le traversait encore ce matin
Des racines au sommet
Ce n'était pas hier, c'était ce matin

Les pieds de son père

L'univers menace et se prépare
La lune fait ses derniers rappels
Le manège de la vie redémarre
Sous la poursuite naissante du soleil

Elle prend ses jambes à son cou
Pousse la grande porte vermeille
Et dans un élan d'amour fou
Viens embrasser les pieds de son père

Quand la magie de la vie opère
Écoutez les battements de la terre
Et les accords de la lyre
Qui vous feront le cœur frémir

Je me suis levée avec le soleil
Et pour seul habit de miel
J'ai enfilé mes chaussures trouées
Puis je suis partie à la chasse à la beauté

J'ai ramené dans la paume de mes mains terreuses
Au parfum de fleurs de jasmin malheureuses
Les conseils d'un scarabée bien avisé
Qui par ici, se promenait :

« La vie passe plus vite que les vacances d'été
Un battement de cils et voilà, c'est passé »

Tout le jour j'ai chanté
De ma voix tranchante comme un sabre
La mélodie envoûtante des arbres
Au rythme des cigales endiablées

Le soir, je me suis couchée
Bordée par la lune
Et ses volutes bleutées
Qui font ma fortune

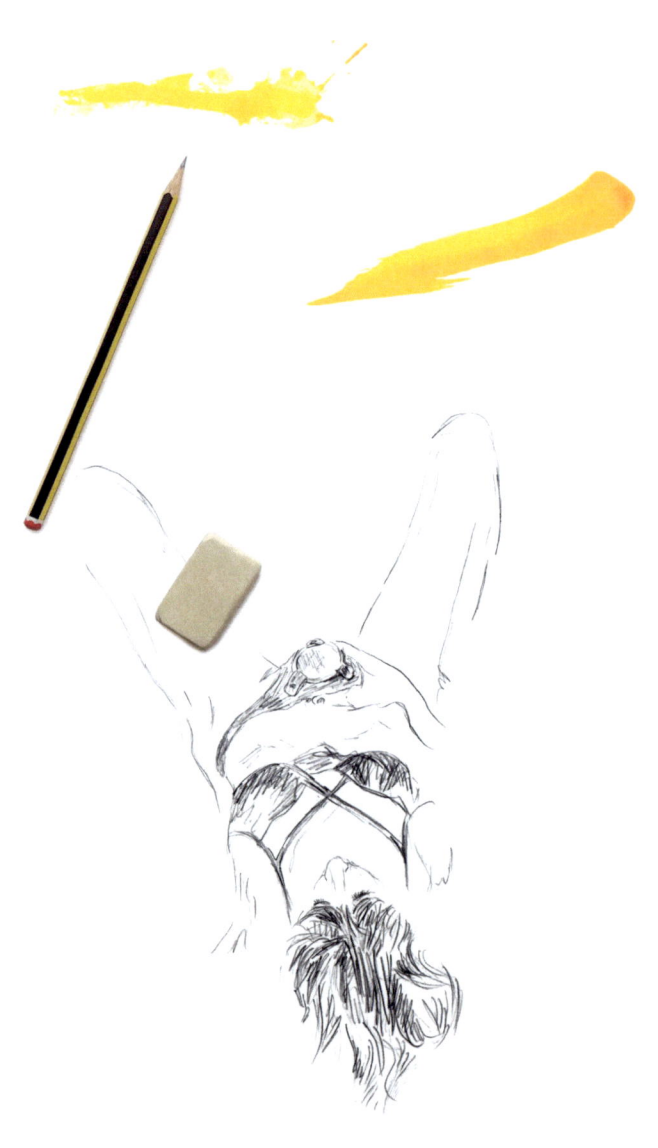

D'un coup de reins

J'ai dans la tête d'avoir une queue
Je pourrai faire l'hélicoptère
Entre tes lèvres, tout entière
Te la glisser ici quand tu le veux

Tel un vaisseau sensuel et marin
Aller et venir dans ta grotte
Lorsqu'en hiver tu grelottes
Te faire la peau d'un coup de reins

J'ai dans la tête d'avoir une queue
Je pourrai durcir pour te plaire
Te la prêter pour t'endormir à deux
Entre tes mains, me sentir fière

Être ton bâton de fortune
Ton manche à balai
Ton obsession, ta tribune
Toute ta vie en dépendrait

J'ai dans la tête d'avoir une queue…

À l'ombre du poirier

À l'ombre du poirier
Je rêve de cabrioles
Anthropophages

Au garde-à-vous, à mes pieds
Une poignée de cactus
Rebelles, me dévisagent

Les feuilles se frottent les unes aux autres
Sans retenue, les branches valsent
D'un bout à l'autre de l'azur nu

Chair à chair
Ton écorce et mon ombre
En toi, vieux monde
Je sombre

The wings of joy
"Les ailes de la joie"

I'm watching you in secret
Je te regarde en secret
And I remember I forget
Et je me souviens que j'ai oublié
My wings of joy this morning
Mes ailes de la joie ce matin
On my fairy bedside parking
Sur ma table de chevet de fée
I run to our room to put them on silently
Je cours dans notre chambre pour les enfiler
At lightning speed,
Silencieusement, à la vitesse de l'éclair
Then I fly towards you to kiss you tenderly
Puis je vole vers toi pour t'embrasser
Like nothing has happened
Comme si de rien n'était

I love you

I love you

I love you

Fourmis suceuses

Entre vous et moi, c'est fini
Fourmis cruelles qui sucez mon sang
Votre présence m'envahit
Je m'en vais vous apprendre le consentement

N'entre pas en moi qui veut
Sachez-le petites garces
Pour goûter à ma chair vorace
Veuillez d'abord y poser délicatement les yeux

Et si d'aventure, aucune résistance ne paraît
Alors, peut-être tentez une approche subtile
À pas de loup, vers moi, glissez une patte habile
Et si toujours aucun obstacle, alors ma foi pénétrez !

Désir amer

Je nage dans tes bras vers l'infini
Tes cheveux en cascade m'éclaboussent de sel
Enroulée entre tes jambes de sylphide
Je ne vois pas le fond, seulement le ciel

Par moments, je voudrais y rester
Ne plus bouger, ne plus penser à rien
Sur ta poitrine fraîche, me laisser aller
Le cœur ouvert et les poumons pleins

Désir amer entre tes cuisses
Vague après vague, ton écume crisse
Plaisirs à jamais interdits
Sur ma peau qui dit Non qui dit Oui

Confessions

Ce matin, je balayais le monde
Et soudain je me suis aperçue au loin
Aux traits d'une silhouette vagabonde
Les oliviers m'en sont témoins

Passé et Futur repliés sur un Présent
J'avançais le cœur à l'horizon
Sur le fil, telle une équilibriste infernale

Le temps est une illusion
Vieillir, cette hypothèse

Je m'enivre
Libre, unique, éternelle
Je m'enivre
Fière, indomptable et rebelle

Les habitants de Carovigno

« *Il y a des êtres qui justifient le monde, qui aident à vivre par leur seule présence* »

Albert Camus

Les habitants de Carovigno ont la peau brunie par le soleil. Les hommes se prénomment tous ou presque « Antonio ». Et les femmes portent des prénoms aux accents s'envolant comme par magie sur la lettre « A » : Luciana, Chiara, Vita…
Les habitants de Carovigno ont des mains savantes, qui pressent les olives autant que les raisins, afin d'en extraire la sève précieuse au délice des papilles. Leurs yeux profonds et malicieux ne sont pas abîmés par les écrans, et pour cause : ils passent le plus clair de leur temps à l'air libre sous un ciel infiniment bleu. Le jour, ils travaillent la terre, ou vont pêcher en mer. Certains tiennent des bars, d'autres des cantina, ou préparent dès l'aube des cornetto a la crema pour accompagner le leccese, un mélange diabolique à base de café et de crème d'amande.

Les habitants de Carovigno dorment dans des maisons en pierre appelées Trulli . Ce sont des gens simples qui mènent une existence tranquilla, semblable au goût subtil de leurs dattine , de leurs juteuses pastèques, ou encore de leur merveilleuse buffala, la meilleure mozzarella du monde. Se rendent-ils compte de leur chance ?
À la nuit tombée, ils installent des chaises devant leurs maisons, et se posent là, à même le trottoir. Ils discutent entre eux, à la fraîche, sous la lumière des réverbères. Nul besoin d'autres accessoires,

leurs présences seules leur suffit.

À Carovigno, il n'y a pas de panneau publicitaire affiché dans les rues, pas de Mc Donald non plus. La Fast Culture n'est pas passée par là. Dans leurs jardins poussent des noisetiers, des figuiers, des citronniers, des pruniers. Le basilic, la menthe et le romarin font également partie des saveurs de la fête. Il suffit d'ouvrir en grand ses sens, et de cueillir la vie au bout d'une branche. S'ils savaient qu'à Paris, certains sont prêts à dépenser des fortunes pour accéder à la Slow life qui règne ici en maître naturellement. Quelle ironie !

Les habitants de Carovigno ne râlent pas. Ils ne se plaignent jamais. « Chez ces gens-là », on ne ronchonne pas, monsieur, on ne grogne pas, on chante. Leur expression favorite est non ti preoccupa', que l'on pourrait traduire par ne te fais pas de soucis. Formule servie avec un sourire tendre et une tape amicale sur l'épaule, pour conclure le marché du bonheur. Peut-on parler de la découverte de la formule magique ?

Les habitants de Carovigno adorent les enfants, et ils le leur rendent bien. Sages et nouveau-nés cohabitent dans la joie profonde qui caractérise cette terre. Une cabriole, une égratignure ? Un gelato, et ça repart ! Le bébé a renversé toute son assiette par terre au restaurant, non ti preoccupa', un bacio et ça repart ! La leçon de la grande vie à l'italienne.

Aussi, cher lecteur, si vous allez à Carovigno, sur la place du village, passez saluer de ma part mamma chef Teresa à l'Osteria Gia Sotto l'Arco. Installez-vous sur le petit balcon, commandez un verre de ce délicieux vin Nicholaus, accompagné d'une assiette de Spaghettone cacio e pepe con cozze arrosto et... fermez les yeux.

Je voudrais remercier tous les membres de ma tribu Patreon, sans qui ce livre n'aurait pu voir le jour.

Je remercie mon cher Antoine Ross pour son fantasmagorique coup de crayon, ses délicates illustrations rendent merveilleusement grâce à ma poésie.

Je remercie du fond du cœur Sonia Saint Germain à la relecture de ce recueil.

Merci à Cyril, Luciana et Antonio, pour leurs précieux conseils lors de mon voyage.

Merci à tous les habitants du village pour leur accueil si chaleureux.

De la même auteure :

Poésie
Conversation avec mon enfant
(Éditions Thot, 2010)

Essai
Au lit citoyens !
Le manifeste contre la société de la malbaise
(Éditions Hugo et Cie, 2016)

Roman
Toutes les femmes sont des sirènes, elles pensent avec leur queue...
(Éditions Blanche, 2021)

Illustrations @AntoineRoss
Photos @OrlandoLeonardi & @JuliaPalombe

La production et la publication de ce livre est rendu possible grâce aux mécènes de Julia Palombe. Merci de votre considération :
www.patreon.com/juliapalombe